Nordrhein-Westfälische Akademie der Wissenschaften

Geisteswissenschaften   Vorträge · G 327

Herausgegeben von der
Nordrhein-Westfälischen Akademie der Wissenschaften

SLAVOMÍR WOLLMAN

Die Literaturen in der österreichischen Monarchie
im 19. Jahrhundert in ihrer Sonderentwicklung

Westdeutscher Verlag

369. Sitzung am 24. November 1993 in Düsseldorf

Die Deutsche Bibliothek – CIP-Einheitsaufnahme

Wollman, Slavomír:
Die Literaturen in der österreichischen Monarchie im 19. Jahrhundert in ihrer Sonderentwicklung / Slavomír Wollman. – Opladen: Westdt. Verl., 1994
  (Vorträge / Nordrhein-Westfälische Akademie der Wissenschaften: Geisteswissenschaften; G 327)
  ISBN 3-531-07327-3
NE: Nordrhein-Westfälische Akademie der Wissenschaften ‹Düsseldorf›: Vorträge / Geisteswissenschaften

---

Der Westdeutsche Verlag ist ein Unternehmen der Verlagsgruppe Bertelsmann International.

© 1994 by Westdeutscher Verlag GmbH Opladen
Herstellung: Westdeutscher Verlag
Satz, Druck und buchbinderische Verarbeitung: Boss-Druck, Kleve
Printed in Germany
ISSN 0944-8810
ISBN 3-531-07327-3

Das Thema meines Vortrags erfordert einige Vorbemerkungen.

Erstens: Die Vergleichende Literaturwissenschaft betrachtet heute – nach vielen widersprüchlichen Erfahrungen – die allgemeine Entwicklung der Literatur, bzw. die Weltliteratur und ihre Komponenten, nicht als ein von verschiedenen Nationalliteraturen und von einzelnen übernationalen literarischen Formationen zusammengesetztes Mosaik, sondern als ein System von Systemen oder Subsystemen, an dem sich viele, meistens mehr oder weniger internationale Strukturen beteiligen, wobei dieselben Werke und Schriftsteller durch ihre Korrelationen zu mehreren Strukturen bzw. Systemen gehören und zu ihnen beitragen. Jedes übernationale literarische Gebilde, jede Regionalliteratur, jede literarische Gemeinschaft oder *littérature générale* wird als ein quer über die Grenzen der Nationalliteraturen greifendes System begriffen, dem nicht alle Elemente dieser Nationalliteraturen zugeordnet werden können, wobei aber die Untersuchung eines solchen Systems auch seine Interferenz mit anderen Systemen in Betracht ziehen muß.

Das betrifft auch die österreichische Regionalliteratur, deren Synthese bereits versucht wird, ebenso wie ältere und neuere Synthesen der westeuropäischen (abendländischen), südosteuropäischen oder slavischen vergleichenden Literatur.

Zweitens: Mitteleuropa und das Reich der Habsburger werden oft identifiziert, was natürlich zu Mißverständnissen führt. Beide Begriffe, beide Kulturräume decken sich synchronisch und diachronisch nur teilweise. Mitteleuropäische Strukturen und Traditionen in der Entwicklung der Literatur beobachten wir seit einem Jahrtausend, und zu ihrem Aktionsfeld gehörten seit dem Anfang auch entferntere deutsche, nordpolnische und balkanische Gebiete. Die Heiligen Cyrill und Method, Adalbert, Kliment von Ochrid und die weitgreifende Tätigkeit der deutschen Benediktiner haben diesen Umfang der mitteleuropäischen Struktur für immer delimitiert. Die zweite Formation, die manchmal als *letteratura absburgica* bezeichnet wird, ist dagegen chronologisch kürzer und geographisch enger. Ihre Struktur ist aber zugleich dichter, reicher an vielseitigen und tiefgreifenden Wechselbeziehungen und an gemeinsamen Traditionen.

Von diesen Traditionen soll gleich die starke und noch im 19. Jahrhundert aktuelle politische und poetische Tradition der Abwehr gegen die Türken, des sogenannten *antemurale cristiano,* des christlichen Vorfeldes der Österreicher, der Deutschen, der Ungarn und der Slaven genannt werden. Die Schlacht bei Sziget und ihre kroatischen, serbischen, slovenischen, lateinischen, ungarischen, deutschen und italienischen Reflexionen in der Literatur und im Volkslied und die dabei betonte Triade von Menschlichkeit, Verbrüderung und Tapferkeit waren eine wirkungsvolle Achse dieser Tradition.

Drittens: Die österreichische Monarchie hat eben im 19. Jahrhundert große Veränderungen erlebt. Nach dem Verzicht der Habsburger auf den Titel deutscher Kaiser kamen die Verluste italienischer Gebiete, der Verlust Schlesiens und auf der anderen Seite die Expansion am Balkan bis zu Bosnien und Herzegovina. Diese Verschiebung der Schwerpunkte und Orientierungen wurde freilich auch durch die Literatur reflektiert.

Auch politische Veränderungen im Zusammenhang mit der wachsenden Emanzipation der Nationen und mit dem Auftritt des Bürgertums und der Arbeiterschaft auf die soziale Szene führten zu tiefen Veränderungen im kulturellen und literarischen System der Monarchie, zur Schwächung seiner Kohärenz, zur Diversifikation. Mit dem österreichisch-ungarischen Ausgleich hat die Wiener Regierung *de facto* die nicht-ungarischen Völker ihrem Schicksal, d. h. dem wachsenden magyarischen Nationalismus überlassen. Verschiedene und zum Teil scharf widersprüchliche nationale Bewegungen und Nationalismen, die auch durch die Literatur getragen wurden, gestalteten in dieser Epoche den autodestruktiven Faktor des ganzen politischen, kulturellen und literarischen Systems der Monarchie. Die ursprüngliche Kompatibilität der slavischen Wechselseitigkeit mit dem Zusammenleben in einer mitteleuropäischen und südosteuropäischen Staatsgemeinschaft ist dabei verschwunden und die slavischen Völker des Reiches reagierten auch auf die emotional-politische Pflege des germanischen Nibelungenmythos mit analogen slavischen Vorstellungen.

„Das österreichische Kaiserreich hatte die große Chance, Mitteleuropa zu einem starken geeinten Staat zu machen" - meinte Milan Kundera im Essay „The Tragedy of Middle Europe" (The New York Review, April 26, 1984) - „aber die Österreicher waren leider hin- und hergerissen zwischen einem arroganten pangermanischen Nationalismus und ihrer eigenen europäischen Mission. Es gelang ihnen nicht, eine Föderation gleichberechtigter Nationen zu bilden."

Dieses einzige Zitat aus der heute wieder populären Sphäre der Publizistik soll hier nur darauf hinweisen, wie vorsichtig die Literaturgeschichte auch mit scharfsinnigen politologischen Generalisationen umgehen muß. Abgesehen von der Frage, ob nur die Österreicher für die Versäumung einer hypothetischen Chance verantwortlich sind, für welche sich die vergleichende Literaturwissenschaft nicht kompetent fühlt, kann diese Disziplin gleich konstatieren, daß die nationalen Mythen verschiedener Völker und ihre literarischen Bearbeitungen im Epos, im

Roman, im Drama und in der Oper des 19. Jahrhunderts und auch ihre wachsende Konkurrenz ein Beweis und ein wichtiges Element der Sonderentwicklung der Literatur in dem hier besprochenen Rahmen sind. Dazu gehören die Korrelationen zwischen den einzelnen Überlieferungen und zwischen ihren neueren Darstellungen in verschiedenen Schichten der literarischen Stratigraphie von der hohen Literatur über populäre Produkte bis zum volkstümlichen Schrifttum und zur eigentlichen Folklore. Auch die Produktion von pseudomittelalterlichen Handschriften und verschiedene Formen der Würdigung nationaler Helden und Tugenden entstanden in diesem Strom, dessen Form, Semantik, Pathos und Ideologie trotz aller äußeren Unterschiede innerlich gut vergleichbar sind.

Die Antwort auf die Frage, ob man über eine Sonderentwicklung der Literatur in der österreichischen Monarchie im 19. Jahrhundert sprechen kann, ist prinzipiell und sachlich positiv, und zwar auch in den Fällen einer grundsätzlichen immanenten Antinomie. Aus der Erfahrung der vergleichenden Literaturwissenschaft müßte die Antwort eigentlich schon *a priori*, das heißt, bevor man das umfangreiche Material trotz aller sprachlichen und anderen Schwierigkeiten zu untersuchen begonnen hat, positiv klingen.

In allen geopolitischen und kulturellen Räumen wächst aus der menschlichen und gesellschaftlichen Koexistenz und aus der gemeinsamen Rezeption von äußeren Impulsen eine gewisse Ähnlichkeit des literarischen Schaffens und Lebens, eine Gemeinsamkeit, ja „Einheit", also eine Sonderentwicklung der Literatur. Dies ist nicht nur in der Donaumonarchie der Fall. *Mutatis mutandis* entdeckt die vergleichende Literaturgeschichte eine gewisse Gemeinsamkeit und Sonderentwicklung im Russischen Reich vor und nach der Oktoberrevolution, im Türkischen Reich, in Großbritannien, in der Schweiz, in der ehemaligen Tschechoslowakei, im ehemaligen Jugoslawien – und früher noch im Römischen Weltreich und im *Sanctum Imperium Romanum*. Analog positiv wäre auch die Antwort auf die Frage einer gewissen Sonderentwicklung der Literatur, die in derselben Sprache in verschiedenen Ländern entsteht (z. B. in der deutschen, englischen, französischen, spanischen oder arabischen Sprache) und der Literatur in verschiedenen ethnolinguistischen Familien, wo die Verwandtschaft schon in der poetischen Sprache verankert ist (wie bei den Skandinaviern, Slaven, Romanen usw.).

In allen solchen Fällen wird die Gemeinsamkeit zuerst spontan vorausgesetzt und es entstehen daraus populäre Vorstellungen einer totalen Einheit und sogar publizistische und politische Mystifikationen. Außerdem werden gemeinsame Traditionen in einzelnen übernationalen Gruppierungen auch von Seiten der Literaten bewußt gepflegt. Man beruft sich auf gemeinsame legendäre und historische Gestalten und auf Überlieferungen, die die Einheitsidee (oft auch *a posteriori*) unterstützen sollen, oder man verneint – im Gegensatz dazu – die Gemeinsamkeit solcher Traditionen und nennt dieselben Helden, Legenden und Sagen als Beweise und Grundsteine von separaten Traditionen eines einzelnen Volkes.

Seit der Barockzeit ehrte man in der österreichischen Monarchie alle Schutzheiligen der Kronenländer (u. a. Cyrill und Method, Venzel, Stanislaus, Stephan von Ungarn) als Patrone des ganzen Reichs. Mit ihrem Kult waren zahlreiche Legenden, Lieder und Schuldramen verbunden, abgesehen von volkstümlichen Überlieferungen. Noch in den zwei letzten Dekaden des 19. Jahrhunderts wurden in die Lehrbücher für Volksschulen die alten Habsburger zusammen mit den Přemysliden und Arpaden und mit Gründungssagen dieser Häuser aufgenommen, was zur Praxis der Aneignung von partikulären Traditionen gehört hat. Diese vereinigende Schullektüre findet man noch in der Zeit, wo derartige Überlieferungen schon der kulminierenden Emanzipationsbewegung verschiedener Völker gedient haben. Das Nationaltheater in Prag wurde eben damals mit der Erstauffführung der Oper „Libuše" von Smetana eröffnet, das Milenium von Ungarn wurde bald danach in Budapest mit der Aufdeckung eines großartigen Denkmals der Landnahme gefeiert. In derselben Zeitspanne wurden von demonstrierenden Studenten in Agram ungarische Fahnen öffentlich verbrannt, ein Monsterprozeß gegen die geheime Organisation „Omladina" (Die Jugend) wurde in Prag geführt und eine viel gefährlichere Verschwörung, „Das junge Bosnien", befand sich bereits *in statu nascendi*.

Zwei entgegengesetzte Aussagen des Historikers, Kritikers und Ästhetikers František Palacký, eines gemäßigten Repräsentanten der Tschechen, bringen die ganze Dialektik dieser politischen und kulturellen Entwicklung zum Ausdruck. Die erste lautet: „Hätte kein Österreich existiert, müßten wir es bilden." Die zweite dann: „Wir waren vor Österreich und werden auch nach ihm sein."
Die Entwicklung und Sonderentwicklung der Literatur in der österreichischen Monarchie hat sich im 19. Jahrhundert, aber auch schon in den zwei bis drei vorhergegangenen Jahrhunderten in einem komplizierten Spannungsfeld von entgegengesetzten Kräften abgespielt. Dabei sind integrierende und differenzierende Tendenzen auch direkt in der Literatur bemerkbar, und zwar nicht nur als Resultat des von Außen wirkenden politischen Denkens und Handelns, sondern auch als Stimulans, als Agens dessen, was in der Gesellschaft passierte. Einerseits wurden die Kaiser und Prinzen in zahlreichen Gedichten verherrlicht, andererseits zirkulierten schon über Maria Theresia bissige Anekdoten. Später wurde besonders Franz Josef I. zum Helden verschiedener, meistens aber gutwilliger Witze und Fabulierungen. Seit dem letzten Viertel des 18. Jahrhunderts klang in verschiedenen Schichten der Literatur und Paraliteratur auch eine scharfe, sozial und national markierte Note. Schon in dem tschechischen Volksspiel „Die Bauernrebellion" (1775) hörte man den Aufruf: „Den Herren keine Gnade, kein Pardon, auch wenn gegen uns stehen wird Laudon." Derselbe Feld-

herr ist aber später zu einer populären Figur gewachsen, und ein Couplet über ihn wird bis heute gesungen.

Zur Charakteristik der widerspruchsvollen und trotzdem relativ kompakten Entwicklung seit dem Ende des 18. Jahrhunderts bis zum Ersten Weltkrieg (denn auf die Zeitspanne vom Jahre 1800 bis zum Jahre 1900 sollte man sich sicher nicht beschränken) gehört auch die Tatsache, daß auch zentrifugale Kräfte, die zum Schluß zur Destruktion geführt haben, sehr oft nicht außerhalb der offiziellen Gesellschaftsordnung entstanden sind, sondern in ihrem Schoß. Der schärfste Kritiker des Jesuitenordens, Ignatius Cornova, war selbst ein Jesuit – und Freimaurer dazu. Der Bahnbrecher der nationalen Wiedergeburt bei den Ungarn, der Schriftsteller und Philosoph György Bessenyei (1747–1811), entdeckte die französische Aufklärung als Leibgardist Maria Theresias, sein jüngerer Geistesgenosse unter den Tschechen, der Dichter Milota Zdirad Polák (1788–1856), war österreichischer Berufsoffizier, General und zum Schluß Intendant der Militärakademie in Wiener Neustadt, wo auch der noch jüngere kroatische Grenzler, später auch General, Petar Preradović (1818–1872), ein hervorragender Lyriker seines Landes, außer der militärischen Ausbildung von seinem tschechischen Lehrer J. Burian zum nationalen und slavischen Bewußtsein erzogen wurde. In diese Reihe gehören mit ihren Lebenskoordinaten und mit ihren Werken auch der größte slovenische Dichter der Epoche, France Prešeren (1800–1849), ein Wiener *Doctor iuris* und Rechtsanwalt in Krain, und der führende kroatische Romantiker Ivan Mažuranić (1814–1890), Teilnehmer der Revolution 1848, später Kanzler in der kroatischen Hofkanzlei in Wien und 1873–1880 Ban, d. h. Statthalter von Kroatien.

Der loyale Dienst für das gemeinsame Kaiserreich und die gleichzeitige literarische, kulturelle und manchmal auch politische Teilnahme an den Emanzipationsbewegungen verschiedener Völker zeigten sich in vielen Fällen als vereinbar. Sogar die Idee der slavischen Wechselseitigkeit, die andererseits als ein Sprengstoff wirken konnte und letzten Endes auch gewirkt hat und die Grenzen der Monarchie weit überschritten hat, wurde am Anfang als ein stilles Schäflein der literarischen Mitarbeit zwischen den noch nicht gleichberechtigten slavischen Stämmen präsentiert. So hat es ihr Protagonist, der slovakische, tschechisch dichtende Schriftsteller Ján Kollár, in den schweren Jahren 1849–1852 evangelischer Pastor in Ofen, später Professor der slavischen Archäologie an der Universität Wien, formuliert und auch ehrlich gemeint. Das Schlagwort „slavische Wechselseitigkeit" wurde jedoch schon früher von dem Polen Samuel Bogumil Linde geprägt und mit den Ideen des slavischen Messianismus verbunden, die auch in den bekannten Gedanken Herders Unterstützung gefunden haben. Die Quellen und Muster der Dichtung Kollárs findet man wie bei vielen anderen im slavischen Volkslied (er selbst war auch ein verdienstvoller Sammler der Folklore), im polnischen Barock und in der griechisch-römischen Zeitmaßprosodie, die er in die tschechische Literatur einführen wollte; man findet sie aber auch in der zeitgenössischen europäischen Poesie der Gräber und in nichtslavischen Vorbildern im Rahmen der Monarchie. Der Vorgesang zu Kollárs „Tochter der Slava", bzw. seine Schlüsselpassage „Steh, o Fuß, denn heilig sind die Stellen, die du betrittst" ist eine Entlehnung aus dem Werk des ungarischen romantischen Dichters Mihály Vörösmarty (1800–1855) – nur mit dem Unterschied, daß der eine ungarische Gräber und verlorene Gebiete gemeint hat, der andere die Gräber der polabischen Slaven. Auch dies ist ein typisches Zeugnis der hier besprochenen Sonderentwicklung.

An Kollár bzw. seinem Werk kann anschaulich demonstriert werden, daß die Zugehörigkeit eines Schriftstellers und eines Werkes zu mehreren Strukturen oder Beziehungskreisen keine Erfindung einer grauen Theorie der Komparastistik ist. Kollár gehört sowohl in die Geschichte der tschechischen als auch die der slovakischen Literatur, in die Struktur der vergleichenden slavischen Literatur, aber auch in das übernationale System der Literatur der österreichischen Monarchie und die Struktur der *Hungaria litterata*, durch seinen Folklorismus und durch aktive Rezeption von Impulsen aus anderen Ländern dann in breitere mitteleuropäische und allgemein europäische Strukturen. Kollár ist dabei kein Einzelfall, sondern ein Repräsentant des für die ganze Sonderentwicklung der Literatur im alten Kaiserreich typischen Spezifikums.

Die eben erwähnte Reihe von Autoren zeigt natürlich nur die äußerlich friedliche Seite der Entwicklung. Kurz nach den josefinischen Reformen, die das alte Regime gerettet haben, hat der Hof absolutistische Methoden wieder verschärft. 1794 wurde die Freimaurerei verboten und man hat wieder zur Repression gegriffen. Ungarische Jakobiner, darunter der Franziskaner Ignatius Martinović und der slovakische Jurist und ideologische Führer der Gruppe Josef Chrisostom Hajnóczy, wurden hingerichtet. Der Bahnbrecher der ungarischen sprachlich-literarischen Wiedergeburt, Ferencz Kazinczy (1759–1831), Dichter, Übersetzer und Lehrer im ostslovakischen dreisprachigen Kaschau, ist nicht nur durch seine schönen Sonette, sondern auch durch sein „Tagebuch aus dem Gefängnis" *(Fogságom naplója)*, aus dem Brünner Spielberg und aus Kufstein, berühmt geworden. Zensoren, Polizeispitzel und Militärgerichte sind im Denken der Völker und in ihrer Literatur bald zu negativen Symbolen der Monarchie geworden.

Im allegorisch-satyrischen Epos „Die Taufe des heiligen Vladimir" von Karel Havlíček (1821–1856) wurden eben diese Machtinstrumente verspottet, in den Gedichten „An die Könige" und „Austria" von Sándor Petőfi (1823–1849) die ganze Staatsordnung verurteilt und abgelehnt. Nach der Niederlage der Revolutionen des Frühlings der Nationen und nach ihrem Tod sind beide Schriftsteller zu nationalen Märtyrern erhoben worden. Das Gedächtnis der Völker, vermittelt durch Literatur, Kunst und fabulierte Überlieferung, zeigte sich als eine langwirkende Kraft und als ein Bestandteil des schon erwähnten autodestruktiven Faktors des Systems. Petőfis panmagyarische Orientierung und Havlíčeks antirussischer Austroslavismus wurden bald vergessen: Petőfi wurde in andere Sprachen der Monarchie übersetzt und noch am Anfang des 20. Jahrhunderts von einfachen Lesern als Freiheitsdichter auswendig rezitiert; Havlíčeks Leben, seine journalistische Tätigkeit, sein Exil in Brixen und sein Begräbnis wurden in rührenden Farbdrucken mit Zitaten dargestellt und in Hunderten Gasthäusern ausgestellt.

Eine zentrale Rolle in der Sonderentwicklung der Literatur im Habsburger Reich spielte die Sprachfrage. Das Erwachen der Nationen, ihre Emanzipation zum nationalen Bewußtsein, ihre innere Einigung und äußere Abgrenzung, ihre Bestrebung um eine eigene, moderne, dem ganzen Volk dienende Literatur war durch die Sprache markiert und bedingt. Mit Recht bezeichnet man die gesamte Bewegung als sprachlich-literarische Wiedergeburt. Die Ausarbeitung der grammatischen Norm und des Wörterbuchs einer Schriftsprache war dabei schon eine Äußerung des nationalen Bewußtseins und ein integrierendes Mittel ersten Ranges. Die Spracherneuerung, bei der sich die Österreicher im engeren Sinn des Wortes an das Bestreben der gesamtdeutschen Philologie anschließen konnten, war für die Ungarn und Slaven in der Monarchie eine Frage des ethnischen Überlebens und daher war für sie die Umwertung der alten Sprachnormen und die Realisierung der neuen Schriftsprachen, bzw. auch die Entscheidung für eine bestimmte Mundart als Grundlage, eine der wichtigsten Aufgaben, an der die besten Philologen und Dichter dieser Völker (wie Dobrovský, Jungmann, Kazinczy, Petőfi, Štúr, Sládkovič, Kopitar, Karadžić, Gaj u. a.) teilgenommen haben. Die Beschreibung des ganzen Prozesses, der wechselseitigen Übernahme von Mustern, des Anteils des Wiener wissenschaftlichen Zentrums und die Konfrontierung mit analogen Prozessen außerhalb der Monarchie vom breiteren Mitteleuropa über das gesamte Slaventum bis zu Webster und zu seiner Idee der amerikanischen Sprache ist hier nicht möglich und nötig.

Wichtig für das gegebene Thema sind die Resultate: In der Mitte des 19. Jahrhunderts verfügten alle Völker der Monarchie über neue Grammatiken und Wörterbücher, die zur Basis ihrer Nationalliteraturen geworden sind. Für die Slovenen und Slovaken war es zugleich ein Akt der Selbstbestimmung, für die Kroaten war die umstrittene Entscheidung zugunsten der schtokavischen Sprachnorm Karadžićs ein Mittel zur Einigung der Nation, die aufgrund der verschiedenen veralterten Buchsprachen und Dialekte der einzelnen Regionen anders kaum möglich gewesen wäre.

Bei allen Völkern der Monarchie geschah die Spracherneuerung im engen Zusammenhang mit der volkstümlichen Poesie, die als die reinste Quelle den

Lexikographen und Grammatikern, aber auch direkt den Dichtern gedient hat. Das Interesse für die Folklore und ihre Aufnahme in das Ensemble der hohen literarischen Werte war in dieser Zeit für ganz Europa gemeinsam, für Mitteleuropa und für die Slaven im allgemeinen aber ganz besonders charakteristisch. Der Folklorismus begann hier, im Schnittpunkt der literarischen Strukturen Österreichs, des breiteren Mitteleuropas, des Slaventums, des Balkans und des Mediterraneums schon vor Rousseau, vor Herder und vor den Brüdern Grimm, sicher seit dem Gesangbuch „Angenehmes Gespräch des slavischen Volkes" (Razgovor ugodni naroda slovinskoga) von Andrija Kačić-Miošić (1752) eine außerordenlich komplexe Funktion auszuüben und auch auf die Literatur des europäischen Westens stark zu wirken. Mit der Folklore und mit der Erneuerung der Sprache sind dann zahlreiche Apotheosen der Muttersprache und des Volkslieds in allen Literaturen der Monarchie während des ganzen 19. Jahrhunderts verbunden. Kollár ruft „Singen wir dem Volk, uns singt das Volk" und in einem hymnischen Lied hört man (frei übersetzt): „Das Geschenk der Sprache verlieh uns Gott, des Donners Herrscher, und keiner darf's uns nehmen."

Derartige erregte Reaktionen auf die Vorherrschaft der deutschen Sprache (denn auch darum hat es sich gehandelt) ändern nichts an der Stellung und Funktion des Deutschen als Vermittlungssprache im Schulwesen, in humanitären Wissenschaften und in der Literatur. Deutsche Bücher und Zeitschriften fungierten in der Monarchie als Baustoff und Treibstoff des Kontextes, unabhängig von der politischen und nationalen Position der Leser, und deutsche Übersetzungen erleichterten zum Teil auch die Rezeption von französischen, englischen, italienischen und anderen Werken, Stilrichtungen und Strömungen. Auf der anderen Seite fanden auch Werke aus den einzelnen Nationalliteraturen durch ihre Übersetzung ins Deutsche den Weg in breitere Kreise der Weltliteratur. Dazu gehören auch thematische und semantische Entdeckungen der Stoffe, der Geschichte und der Landschaft anderer Völker in den Werken österreichischer Autoren deutscher Zunge wie Grillparzer, Lenau oder Marie von Ebner-Eschenbach geb. Gräfin Dubsky. Der Umfang und die Qualität dieser Vermittlung warten noch auf eine genaue Untersuchung. Dabei sollte man allerdings nicht vergessen, daß es im breiteren Mitteleuropa und im engeren Kulturraum der alten Monarchie auch andere *linguae francae* gegeben hat. Eine besonders starke Vermittlungsfunktion hat bis hinein ins 19. Jahrhundert Latein ausgeübt, aber auch Italienisch, Ungarisch und Tschechisch dienten in vielen Fällen der kulturellen Vermittlung und damit der gemeinsamen literarischen Struktur.

Sicher ist, daß der deutsch-österreichische Faktor und Wien als sein Ausstrahlungspunkt einen nicht übersehbaren Anteil an der charakteristischen gemeinsamen Prägung der literarischen Stilrichtungen gehabt hat, abgesehen freilich von örtlichen und nationalen Unterschieden im Gewicht, im Inhalt und in der Form des Klassizismus, der Romantik und ihrer spezifisch mitteleuropäischen „zweiten Welle", der Moderne und der Sezession, die aus verschiedenen inneren Ursachen oder aus verschiedenen Orientationen stammen.

Es ist zu bemerken, daß in der Rezeption der deutschen Literatur bei den einzelnen Völkern der Monarchie österreichische Autoren und besonders Spitzenautoren nicht automatisch eine leitende Rolle gespielt haben. Kurz und klar zeigt das das Repertoire der nationalen Bühnen in Böhmen, Ungarn, Kroatien und in der Vojvodina vom Ende des 18. bis zur Mitte des 19. Jahrhunderts. Überall beherrschte Kotzebue das Theater, meistens mit seinen zahlreichen Lustspielen zweiten und dritten Ranges. Dagegen wurde der hervorragende österreichische Klassiker Grillparzer nur sehr wenig gespielt und sein Stück „König Ottokars Glück und Ende" aus politischen Gründen in Brünn 1824 sogar verboten. Kotzebue hat jedenfalls besonders deshalb gesiegt, weil die jungen Bühnen für ihr meistens unvorbereitetes Publikum eben leichte Komödien brauchten. Anton Tomaž Linhart (1756–1795), der Begründer des neuen slovenischen Theaters, wußte ganz genau, was nach ihm noch Prešeren in deutschen Versen konstatieren mußte: „Deutsch sprechen ja die Herrn hierzulande/Slovenisch die so sind vom Dienerstande." Deswegen hat Linhart nicht zum bewunderten Lessing, welchen ihm der Wiener Sonnenfels empfahl, gegriffen, sondern adaptierte für die erste Vorstellung „Die Feldmühle", ein triviales Lustspiel von Richter, für die spätere zweite den „Figaro" von Beaumarchais, allerdings als ein lokalisiertes Volksspiel.

Aus denselben Gründen war für die neuen Bühnen in den frühen Zeiten ihrer Existenz vor allem das Wiener Singspiel geeignet und sein Hauptautor Nestroy, der neben den Ungarn Katona und den Tschechen Tyl gestellt wird. Erst der Übergang der bereits etablierten Nationaltheater zu ästhetisch anspruchsvollen Autoren des Weltdramas, zu Goethe, Schiller, zu Shakespeare, aber auch zu Hugo auf der einen und zu Puškin und Krasiński auf der anderen Seite führte später parallel mit der wachsenden dramatischen Produktion in Originalsprachen zur Absetzung des Singspiels und der Posse österreichischen Ursprungs vom Thron der Thalia.

Das Theater der Epoche ist zu einem Feld geworden, auf dem sich nationale, österreichische, mitteleuropäische, allgemein europäische und auch spezifisch slavische Elemente und Kräfte die Hand gereicht haben, und auf dem auch die verhängnisvolle Dialektik der Sonderentwicklung zum Ausdruck gekommen ist. Anschaulich ist der Fall des Nationaltheaters in Prag. Offiziell als K.-K. Landestheater benannt und mit einer Kaiserloge versehen, zeigte es über der Bühne die goldene Inschrift „Das Volk sich selbst" als Taufschein und als Zielsetzung und wurde schließlich zum Schauplatz der berühmten Deklaration, in der tschechische Schriftsteller noch vor dem Ende des Ersten Weltkriegs den Untergang der Habsburger Monarchie angekündigt haben.

Abgesehen von der ausgesprochen nationalen Funktion des Theaters und des Dramas sieht die vergleichende Literaturwissenschaft auch hier eine Bestätigung der Ansicht, daß es sich bei der übernationalen literarischen Struktur in der Donaumonarchie um ein offenes System handelt, welches sich in ständiger Kooperation, Konkurrenz und Interkurrenz mit vielen nationalen und internationalen Systemen entwickelt hat – sowohl unter dem Druck von außerliterarischen Tatsachen, als auch auf Grund von der Literatur immanenten Kräften.

Dies gilt ganz besonders auch für die Literatur der Jahrhundertwende. Die Moderne und die Sezession war eine wunderbare Spätblüte der hier besprochenen Sonderentwicklung. Sie verarbeitete freilich äußere Impulse des Naturalismus, Impressionismus, Dekadismus und der Neuromantik, des deutschen Jugendstils, der französischen *révolte symboliste*, des italienischen Verismus, sie kristallisierte jedoch besonders aus eigenen poetischen und politischen Quellen, aus den Traditionen und aus der Geisteswelt, aus welchen ihre Anhänger gewachsen sind.

Die tiefe organische Verbindung zwischen den optimistischen Wünschen einer Erneuerung der Kunst und dadurch auch des Lebens und dem pessimistischen Gefühl der Entfremdung, der bösen Vorahnung dessen, was uns und die Menschheit erwartet, ist zweifellos für die gemeinsame Struktur der Literatur in der alten Monarchie ebenso spezifisch wie die Komplexität der beteiligten Stilrichtungen in dieser Zeit. Die Apotheose des Frühlings und der Jugend, der Wunsch, die Kunst gegen die Hausierer mit der Kunst zu erheben (H. Bahr in der ersten Nummer des *Ver sacrum* 1897), und aus dem Wort „modern" ein schweres Wort der Unterscheidung, einen Maßstab der kulturellen und menschlichen Werte zu machen (F. X. Šalda in der Zeitschrift *Literární listy* 1897), kommt hier ebenso stark zum Ausdruck wie die Verzweiflung und die Selbstmordidee (nicht zufällig widmete damals Masaryk diesem Problem eine Monographie) und ebenso wie die Vorliebe für das Geheimnisvolle, für die Rätselhaftigkeit des Lebens im Zwielicht und Nebel der zerfallenden alten Stadtteile, für die Helden ohne Gesicht und Name, für die apokalyptische Zukunft. Das „magische Prag" mit Golem, dem bodenständigen Ahnen von Homunkulus, und mit den schreckvollen Stadtsagen, wie es Ripellino in einer Monographie dargestellt hat, ist eines der Siegelzeichen des Milieus, welches in derselben Zeit die „Bestia triumphans" der Stadtplaner (so Vilém Mrštík) vernichten und durch gleichgeschaltete Ringstraßenarchitektur ersetzen wollte.

Von den inländischen Wegbereitern der Moderne darf man vielleicht wenigstens zwei Namen nennen: Imre Madách (1823–1864) und Jakub Arbes (1840–1914). Madáchs philosophische Dichtung „Die Tragödie des Menschen" (Az ember tragedijája, 1861) und ihre Dramatisierung wurden in Übersetzungen seit den achtziger Jahren in der ganzen Monarchie populär. Die geheimnisvollen Romanettos (Kurzromane) von Arbes – „St. Xaverius", „Newtons Gehirn", „Die letzten Tage der Menschheit" u. a. – waren seit den siebziger Jahren den Prager deutschen Kritikern und Autoren bekannt und durch sie weiter vermittelt. Jedenfalls ist die Semantik der beiden Schriftsteller für die Moderne signifikant.

Wenn man zur Moderne solche Autoren wie Artur Schnitzler, Hugo von Hoffmannsthal, Josef Svatopluk Machar, Stanisław Przybyszewski, Władysław Reymont, Stefan Żeromski, Antun Gustav Matoš, Endre Ady, Otokar Březina, Ivan Cankar und von den jüngeren Miroslav Krleža, Ivan Krasko oder Dezső Kosztolányi zuordnet, darf man konstatieren, daß es sich nicht um eine vorübergehende Generationsrevolte, sondern um eine weitgehende Kulturrevolution handelt. Der stilistisch vielfältige Komplex der Literatur und Kunst wurde im Rahmen der Monarchie von vielen Zeitgenossen auch laut abgelehnt. Ivan Franko, Alfons Mucha und andere sprachen mit Verachtung über die „Wiener" Moderne und über die „Wiener" Sezession, wobei wahrscheinlich besonders das „Exklusive", das „Dekadente" und zugleich das „Österreichische" zwischen den Zeilen gemeint war. Die Strömung ist jedoch weder stilistisch noch ideologisch auf solche Formeln reduzierbar. Vom Anfang an war sie nicht nur österreichisch, sondern mitteleuropäisch, und eine Expansion über die Grenzen der Monarchie war für sie charakteristisch. Die Moderne hat sich bei allen Slaven, freilich auch bei den Russen durchgesetzt, und Merkmale der Sezession findet man in halb Europa. Das Emblem der Möwe Čechovs als Wappen des Moskauer Kunsttheaters und die prompte Rezeption von Čechovs Werken im breiteren Mitteleuropa bezeugen eine tiefe Wahlverwandtschaft mehrerer Beziehungskreise. In ihrem Nachhall bei Kafka und Musil, bei Hašek u. a. hat die Moderne kurz nach dem Weltkrieg ihr tragisches und zugleich satirisches Schlußwort zur kulturellen und historischen Entwicklung einer langen Epoche ausgesprochen.

Bibliographische Note

Die Fachliteratur zu dem hier diskutierten Thema ist äußerst umfangreich und deshalb auch in dem Projekt „Mitteleuropa. Grundriß zu einer vergleichenden Literaturgeschichte" unter der Leitung von Z. Konstantinović (Innsbruck), an dem der Autor dieses Vortrags als Mitglied einer internationalen Forschungsgruppe mitgearbeitet hat, nur in einer Auswahl genannt; das seit 1991 druckfertige Manuskript wartet immer noch auf einen Verleger.

Außerdem dienten dem Autor als Referenzpunkte u. a. folgende Werke und Studien, in den auch der Leser breitere bibliographische Informationen finden kann: F. Wollman, K methodologii srovnávací slovesnosti slovanské [Zur Methodologie der vergleichenden slavischen Literatur], Brno 1936. D. Tschiżewskij, Vergleichende Geschichte der slavischen Literaturen, I-II, Berlin 1968. K. Krejčí, Česká literatura a kulturní proudy evropské [Tschechische Literatur und europäische Kulturströmungen], Praha 1975. J. Matl, Wien und die Literatur- und Kunsterneuerung der südslavischen Moderne, in: Die Welt der Slaven 9 (1964) 376-391. F. Wollman, Generální literatura, její funkce světová a mezislovanská [Allgemeine Literatur, ihre universale und interslavische Funktion], in: Československé přednášky pro VI. mezinárodní sjezd slavistů, Praha 1968, 181-188. - Zahlreiche Beiträge zum Problem und zur Diskussion von S. Bonazza, A. Flaker, S. Graciotti, H. Rothe, W. Schamschula, L. Sziklay, G. Wytrzens und von weiteren Gelehrten wurden natürlich in Betracht genommen.

Von den Arbeiten des Autors dieses Vortrags vgl. dazu u. a.: Porovnávacia metóda v literárnej vede [Vergleichende Methode in der Literaturwissenschaft], Bratislava 1988. Aspekty poetiky za obrození u Slovanů [Aspekte der Poetik zur Zeit der Wiedergeburt der Slaven], in: Slavia 58 (1989) 13-19. Slovanské literatury ve Střední Evropě [Slavische Literaturen in Mitteleuropa], in: Česká slavistika 1993, Praha 1993, 399-406. La storia dei generi letterari, Bergamo 1993 (mit einer ausführlichen Bibliographie von J. Křesálková).

Veröffentlichungen
der Rheinisch-Westfälischen Akademie der Wissenschaften

Neuerscheinungen 1981 bis 1994

Vorträge G
Heft Nr.

GEISTESWISSENSCHAFTEN

253	Heinz Gollwitzer, Münster	Vorüberlegungen zu einer Geschichte des politischen Protestantismus nach dem konfessionellen Zeitalter
254	Martin Honecker, Bonn	Evangelische Theologie vor dem Staatsproblem
255	Paul Mikat, Düsseldorf	Rechtsprobleme der Schlüsselgewalt
256	Ernst Dassmann, Bonn	Paulus in frühchristlicher Frömmigkeit und Kunst
257	Reinhold Merkelbach, Köln	Weihegrade und Seelenlehre der Mithrasmysterien
258	Bruno Lewin, Bochum	Sprachbetrachtung und Sprachwissenschaft im vormodernen Japan
259	Boris Meissner, Köln	Das Verhältnis von Partei und Staat im Sowjetsystem
260	Hans-Rudolf Schwyzer, Zürich	Ammonios Sakkas, der Lehrer Plotins
261	Eugen Ewig, Bonn	Die Merowinger und das Imperium
262	Armin Kaufmann, Bonn	Die Aufgabe des Strafrechts
263	Gerard Verbeke, Leuven	Avicenna, Grundleger einer neuen Metaphysik
264	Roger Goepper, Köln	Das Kultbild im Ritus des esoterischen Buddhismus Japans
265	Paul Mikat, Düsseldorf	Zur Diskussion um die Lehre vom Vorrang der effektiven Staatsangehörigkeit
266	Gerhard Kegel, Köln	Haftung für Zufügung seelischer Schmerzen
		Jahresfeier am 11. Mai 1983
267	Hans Rothe, Bonn	Religion und Kultur in den Regionen des russischen Reiches im 18. Jahrhundert
268	Paul Mikat, Düsseldorf	Doppelbesetzung oder Ehrentitulatur – Zur Stellung des westgotisch-arianischen Episkopates nach der Konversion von 587/89
269	Andreas Kraus, München	Die Acta Pacis Westphalicae
270	Gerhard Ebeling, Zürich	Lehre und Leben in Luthers Theologie
271	Theodor Schieder, Köln	Über den Beinamen „der Große" – Reflexionen über historische Größe
272	J. Nicolas Coldstream, London	The Formation of the Greek Polis: Aristotle and Archaeology
273	Walter Hinck, Köln	Das Gedicht als Spiegel der Dichter. Zur Geschichte des deutschen poetologischen Gedichts
274	Erich Meuthen, Köln	Das Basler Konzil als Forschungsproblem der europäischen Geschichte
275	Hansjakob Seiler, Köln	Sprache und Gegenstand
276	Gustav Adolf Lehmann, Köln	Die mykenisch-frühgriechische Welt und der östliche Mittelmeerraum in der Zeit der „Seevölker"-Invasionen um 1200 v. Chr.
277	Andreas Hillgruber, Köln	Der Zusammenbruch im Osten 1944/45 als Problem der deutschen Nationalgeschichte und der europäischen Geschichte
278	Niklas Luhmann, Bielefeld	Kann die moderne Gesellschaft sich auf ökologische Gefährdungen einstellen?
		Jahresfeier am 15. Mai 1985
279	Joseph Ratzinger, Rom	Politik und Erlösung. Zum Verhältnis von Glaube, Rationalität und Irrationalem in der sogenannten Theologie der Befreiung
280	Hermann Hambloch, Münster	Der Mensch als Störfaktor im Geosystem
281	Reinhold Merkelbach, Köln	Mani sein Religionssystem
282	Walter Mettmann, Münster	Die volkssprachliche apologetische Literatur auf der Iberischen Halbinsel im Mittelalter
283	Hans-Joachim Klimkeit, Bonn	Die Begegnung von Christentum, Gnosis und Buddhismus an der Seidenstraße
284	2. Akademie-Forum	Technik und Ethik
	Wolfgang Kluxen, Bonn	Ethik für die technische Welt: Probleme und Perspektiven
	Rudolf Schulten, Aachen/Jülich	Maßstäbe aus der Natur für technisches Handeln
285	Hermann Lübbe, Zürich	Die Wissenschaften und ihre kulturellen Folgen. Über die Zukunft des *common sense*
286	Andreas Hillgruber, Köln	Alliierte Pläne für eine „Neutralisierung" Deutschlands 1945–1955
287	Otto Pöggeler, Bochum	Preußische Kulturpolitik im Spiegel von Hegels Ästhetik
288	Bernhard Großfeld, Münster	Einige Grundfragen des Internationalen Unternehmensrechts

289	Reinhold Merkelbach, Köln	Nikaia in der römischen Kaiserzeit
290	Werner Besch, Bonn	Die Entstehung der deutschen Schriftsprache
291	Heinz Gollwitzer, Münster	Internationale des Schwertes. Transnationale Beziehungen im Zeitalter der „vaterländischen" Streitkräfte
292	Bernhard Kötting, Münster	Die Bewertung der Wiederverheiratung (der zweiten Ehe) in der Antike und in der Frühen Kirche
293	5. Akademie-Forum	Technik und Industrie in Kunst und Literatur
	Volker Neuhaus, Köln	Vorwurf Industrie
	Klaus Wolfgang Niemöller, Köln	Industrie, Technik und Elektronik in ihrer Bedeutung für die Musik des 20. Jahrhunderts
	Hans Schadewaldt, Düsseldorf	Technik und Heilkunst
294	Paul Mikat, Düsseldorf	Die Polygamiefrage in der frühen Neuzeit
295	Georg Kauffmann, Münster	Die Macht des Bildes – Über die Ursachen der Bilderflut in der modernen Welt Jahresfeier am 27. Mai 1987
296	Herbert Wiedemann, Köln	Organverantwortung und Gesellschafterklagen in der Aktiengesellschaft
297	Rainer Lengeler, Bonn	Shakespeares Sonette in deutscher Übersetzung: Stefan George und Paul Celan
298	Heinz Hürten, Eichstätt	Der Kapp-Putsch als Wende. Über Rahmenbedingungen der Weimarer Republik seit dem Frühjahr 1920
299	Dietrich Gerhardt, Hamburg	Die Zeit und das Wertproblem, dargestellt an den Übertragungen V. A. Žukovskijs
300	Bernhard Großfeld, Münster	Unsere Sprache: Die Sicht des Juristen
301	Otto Pöggeler, Bochum	Philosophie und Nationalsozialismus – am Beispiel Heideggers Jahresfeier am 31. Mai 1989
302	Friedrich Ohly, Münster	Metaphern für die Sündenstufen und die Gegenwirkungen der Gnade
303	Harald Weinrich, München	Kleine Literaturgeschichte der Heiterkeit
304	Albrecht Dihle, Heidelberg	Philosophie als Lebenskunst
305	Rüdiger Schott, Münster	Afrikanische Erzählungen als religionsethnologische Quellen, dargestellt am Beispiel von Erzählungen der Bulsa in Nordghana
306	Hans Rothe, Bonn	Anton Tschechov oder Die Entartung der Kunst
307	Arthur Th. Hatto, London	Eine allgemeine Theorie der Heldenepik
308	Rudolf Morsey, Speyer	Die Deutschlandpolitik Adenauers. Alte Thesen und neue Fakten
309	Joachim Bumke, Köln	Geschichte der mittelalterlichen Literatur als Aufgabe
310	Werner Sundermann, Berlin	Der Sermon von der der Seele. Ein Literaturwerk des östlichen Manichäismus
311	Bruno Schüller, Münster	Überlegungen zum ‚Gewissen'
312	Karl Dietrich Bracher, Bonn	Betrachtungen zum Problem der Macht
313	Klaus Stern, Köln	Die Wiederherstellung der deutschen Einheit – Retrospektive und Perspektive Jahresfeier am 28. Mai 1991
314	Rainer Lengeler, Bonn	Shakespeares *Much Ado About Nothing* als Komödie
315	Jean-Marie Valentin, Paris	Französischer „Roman comique" und deutscher Schelmenroman
316	Nikolaus Himmelmann, Bonn	Archäologische Forschungen im Akademischen Kunstmuseum der Universität Bonn: Die griechisch-ägyptischen Beziehungen
317	Walther Heissig, Bonn	Oralität und Schriftlichkeit mongolischer Spielmanns-Dichtung
318	Anthony R. Birley, Düsseldorf	Locus virtutibus patefactus? Zum Beförderungssystem in der Hohen Kaiserzeit
319	Günther Jakobs, Bonn	Das Schuldprinzip
320	Gherardo Gnoli, Rom	Iran als religiöser Begriff im Mazdaismus
321	Claus Vogel, Bonn	Mīramīrāsutas Asālatiprakāśa – Ein synonymisches Wörterbuch des Sanskrit aus der Mitte des 17. Jahrhunderts
322	Klaus Hildebrand, Bonn	Die britische Europapolitik zwischen imperialem Mandat und innerer Reform 1856–1876
323	Paul Mikat, Düsseldorf	Die Inzestverbote des Dritten Konzils von Orléans (538). Ein Beitrag zur Geschichte des Fränkischen Eherechts
324	Hans Joachim Hirsch, Köln	Die Frage der Straffähigkeit von Personenverbänden
325	Bernhard Großfeld, Münster	Europäisches Wirtschaftsrecht und Europäische Integration
326	Nikolaus Himmelmann, Bonn	Antike zwischen Kommerz und Wissenschaft Jahresfeier am 8. Mai 1993
327	Slavomír Wollman, Prag	Die Literaturen in der österreichischen Monarchie im 19. Jahrhundert in ihrer Sonderentwicklung
328	Rainer Lengeler, Bonn	Literaturgeschichtsschreibung in Nöten. Der Fall der englischen Literatur des 20. Jahrhunderts
325	Annemarie Schimmel, Bonn	Das Thema des Weges und der Reise im Islam

ABHANDLUNGEN

Band Nr.

68	*Wolfgang Ehrhardt, Athen*	Das Akademische Kunstmuseum der Universität Bonn unter der Direktion von Friedrich Gottlieb Welcker und Otto Jahn
69	*Walther Heissig, Bonn*	Geser-Studien. Untersuchungen zu den Erzählstoffen in den „neuen" Kapiteln des mongolischen Geser-Zyklus
70	*Werner H. Hauss, Münster* *Robert W. Wissler, Chicago*	Second Münster International Arteriosclerosis Symposium: Clinical Implications of Recent Research Results in Arteriosclerosis
71	*Elmar Edel, Bonn*	Die Inschriften der Grabfronten der Siut-Gräber in Mittelägypten aus der Herakleopolitenzeit
72	*(Sammelband)*	Studien zur Ethnogenese
	Wilhelm E. Mühlmann	Ethnogonie und Ethnogonese
	Walter Heissig	Ethnische Gruppenbildung in Zentralasien im Licht mündlicher und schriftlicher Überlieferung
	Karl J. Narr	Kulturelle Vereinheitlichung und sprachliche Zersplitterung: Ein Beispiel aus dem Südwesten der Vereinigten Staaten
	Harald von Petrikovits	Fragen der Ethnogenese aus der Sicht der römischen Archäologie
	Jürgen Untermann	Ursprache und historische Realität. Der Beitrag der Indogermanistik zu Fragen der Ethnogenese
	Ernst Risch	Die Ausbildung des Griechischen im 2. Jahrtausend v. Chr.
	Werner Conze	Ethnogenese und Nationsbildung – Ostmitteleuropa als Beispiel
73	*Nikolaus Himmelmann, Bonn*	Ideale Nacktheit
74	*Alf Önnerfors, Köln*	Willem Jordaens, *Conflictus virtutum et viciorum*. Mit Einleitung und Kommentar
75	*Herbert Lepper, Aachen*	Die Einheit der Wissenschaften: Der gescheiterte Versuch der Gründung einer „Rheinisch-Westfälischen Akademie der Wissenschaften" in den Jahren 1907 bis 1910
76	*Werner H. Hauss, Münster* *Robert W. Wissler, Chicago* *Jörg Grünwald, Münster*	Fourth Münster International Arteriosclerosis Symposium: Recent Advances in Arteriosclerosis Research
77	*Elmar Edel, Bonn*	Die ägyptisch-hethitische Korrespondenz (2 Bände)
78	*(Sammelband)*	Studien zur Ethnogenese, Band 2
	Rüdiger Schott	Die Ethnogenese von Völkern in Afrika
	Siegfried Herrmann	Israels Frühgeschichte im Spannungsfeld neuer Hypothesen
	Jaroslav Šašel	Der Ostalpenbereich zwischen 550 und 650 n. Chr.
	András Róna-Tas	Ethnogenese und Staatsgründung. Die türkische Komponente bei der Ethnogenese des Ungartums
	Register zu den Bänden 1 (Abh 72) und 2 (Abh 78)	
79	*Hans-Joachim Klimkeit, Bonn*	Hymnen und Gebete der Religion des Lichts. Iranische und türkische Texte der Manichäer Zentralasiens
80	*Friedrich Scholz, Münster*	Die Literaturen des Baltikums. Ihre Entstehung und Entwicklung
81	*Walter Mettmann, Münster (Hrsg.)*	Alfonso de Valladolid, *Ofrenda de Zelos* und *Libro de la Ley*
82	*Werner H. Hauss, Münster* *Robert W. Wissler, Chicago* *H.-J. Bauch, Münster*	Fifth Münster International Arteriosclerosis Symposium: Modern Aspects of the Pathogenesis of Arteriosclerosis
83	*Karin Metzler, Frank Simon, Bochum*	Ariana et Athanasiana. Studien zur Überlieferung und zu philologischen Problemen der Werke des Athanasius von Alexandrien.
84	*Siegfried Reiter / Rudolf Kassel, Köln*	Friedrich August Wolf. Ein Leben in Briefen. Ergänzungsband, I: Die Texte; II: Die Erläuterungen
85	*Walther Heissig, Bonn*	Heldenmärchen versus Heldenepos? Strukturelle Fragen zur Entwicklung altaischer Heldenmärchen
86	*Hans Rothe, Bonn*	*Die Schlucht*. Ivan Gontscharov und der „Realismus" nach Turgenev und vor Dostojevski (1849–1869)
87	*Werner H. Hauss, Münster* *Robert W. Wissler, Chicago* *H.-J. Bauch, Münster*	Sixth Münster International Arteriosclerosis Symposium: New Aspects of Metabolismn and Behaviour of Mesenchymal Cells during the Pathogenesis of Arteriosclerosis
88	*Peter Zieme, Berlin*	Religion und Gesellschaft im Uigurischen Königreich von Qočo
89	*Karl H. Menges, Wien*	Drei Schamanengesänge der Ewenki-Tungusen Nord-Sibiriens

Sonderreihe PAPYROLOGICA COLONIENSIA

Vol. V: *Angelo Geißen, Köln* *Wolfram Weiser, Köln*	Katalog Alexandrinischer Kaisermünzen der Sammlung des Instituts für Altertumskunde der Universität zu Köln Band 1: Augustus-Trajan (Nr. 1–740) Band 2: Hadrian-Antoninus Pius (Nr. 741–1994) Band 3: Marc Aurel-Gallienus (Nr. 1995–3014) Band 4: Claudius Gothicus–Domitius Domitianus, Gau-Prägungen, Anonyme Prägungen, Nachträge, Imitationen, Bleimünzen (Nr. 3015–3627) Band 5: Indices zu den Bänden 1 bis 4
Vol. VI: *J. David Thomas, Durham*	The epistrategos in Ptolemaic and Roman Egypt Part 1: The Ptolemaic epistrategos Part 2: The Roman epistrategos
Vol. VII	Kölner Papyri (P. Köln)
Bärbel Kramer und Robert Hübner (Bearb.), Köln	Band 1
Bärbel Kramer und Dieter Hagedorn (Bearb.), Köln	Band 2
Bärbel Kramer, Michael Erler, Dieter Hagedorn und Robert Hübner (Bearb.), Köln	Band 3
Bärbel Kramer, Cornelia Römer und Dieter Hagedorn (Bearb.), Köln	Band 4
Michael Gronewald, Klaus Maresch und Wolfgang Schäfer (Bearb.), Köln	Band 5
Michael Gronewald, Bärbel Kramer, Klaus Maresch, Maryline Parca und Cornelia Römer (Bearb.)	Band 6
Michael Gronewald, Klaus Maresch (Bearb.), Köln	Band 7
Vol. VIII: *Sayed Omar (Bearb.), Kairo*	Das Archiv des Soterichos (P. Soterichos)
Vol. IX *Dieter Kurth, Heinz-Josef Thissen und Manfred Weber (Bearb.), Köln*	Kölner ägyptische Papyri (P. Köln ägypt.) Band 1
Vol. X: *Jeffrey S. Rusten, Cambridge, Mass.*	Dionysius Scytobrachion
Vol. XI: *Wolfram Weiser, Köln*	Katalog der Bithynischen Münzen der Sammlung des Instituts für Altertumskunde der Universität zu Köln Band 1: Nikaia. Mit einer Untersuchung der Prägesysteme und Gegenstempel
Vol. XII: *Colette Sirat, Paris u. a.*	La *Ketouba* de Cologne. Un contrat de mariage juif à Antinoopolis
Vol. XIII: *Peter Frisch, Köln*	Zehn agonistische Papyri
Vol. XIV: *Ludwig Koenen, Ann Arbor* *Cornelia Römer (Bearb.), Köln*	Der Kölner Mani-Kodex. Über das Werden seines Leibes. Kritische Edition mit Übersetzung.
Vol. XV: *Jaakko Frösen, Helsinki/Athen* *Dieter Hagedorn, Heidelberg (Bearb.))*	Die verkohlten Papyri aus Bubastos (P. Bub.) Band 1
Vol. XVI: *Robert W. Daniel, Köln* *Franco Maltomini, Pisa (Bearb.)*	Supplementum Magicum Band 1 Band 2
Vol. XVII: *Reinhold Merkelbach,* *Maria Totti (Bearb.), Köln*	Abrasax. Ausgewählte Papyri religiösen und magischen Inhalts Band 1 und Band 2: Gebete Band 3: Zwei griechisch-ägyptische Weihezeremonien
Vol. XVIII: *Klaus Maresch, Köln* *Zola M. Packmann, Pietermaritzburg, Natal (eds.)*	Papyri from the Washington University Collection, St. Louis, Missouri
Vol. XIX: *Robert W. Daniel, Köln (ed.)*	Two Greek Papyri in the National Museum of Antiquities in Leiden
Vol. XX: *Erika Zwierlein-Diehl, Bonn (Bearb.)*	Magische Amulette und andere Gemmen des Instituts für Altertumskunde der Universität zu Köln
Vol. XXI: *Klaus Maresch, Köln*	Nomisma und Nomismatia. Beiträge zur Geldgeschichte Ägyptens im 6. Jahrhundert n. Chr.